RETRATO
AGRIDOCE

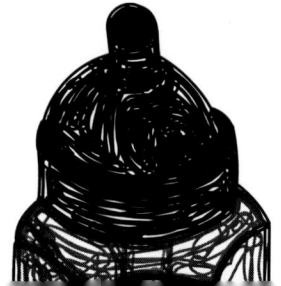

RETRATO AGRIDOCE

FELIPE GUISOLI

3ª Reimpressão

Retrato Agridoce © Crivo Editorial, 05/2019
Retrato Agridoce © Felipe Guisoli, 05/2019

Edição: Haley Caldas e Lucas Maroca de Castro
Projeto gráfico e diagramação: Haley Caldas
Ilustração e capa: Lucas Sake
Revisão: Márcio Augusto

Dados Internacionais de Catalogação na Publicação (CIP) de acordo com ISBD

G967r   Guisoli, Felipe

    Retrato Agridoce / Felipe Guisoli. - Belo Horizonte: Crivo Editorial, 05/2019.
    72 p. ; 14cm x 21cm.

    Inclui índice.
    ISBN: 978-85-66019-94-0

    1. Literatura brasileira. 2. Poesia. I. Título

                                     CDD 869.1
2019-677   CDU 821.134.3(81)-1

Elaborado por Vagner Rodolfo da Silva - CRB-8/9410

Índice para catálogo sistemático:
1.Literatura brasileira : Poesia 869.1
2.Literatura brasileira : Poesia 821.134.3(81)-1

Crivo Editorial
Rua Fernandes Tourinho, 602, sala 502
30.112-000 - Funcionários - Belo Horizonte - MG

www.crivoeditorial.com.br
contato@crivoeditorial.com.br
facebook.com/crivoeditorial
instagram.com/crivoeditorial

SUMÁRIO

11. PREFÁCIO

1 ÁCIDO

15. RETRATO AGRIDOCE DA FÉ E DA ESPERANÇA
18. BELICHE
19. POEMA FRUSTRADO
22. CONSOLO
23. PRAZER
25. POESIQUÊS
26. CIÊNCIA E MATERNIDADE
27. ESPÍRITO CRÍTICO
28. ELEIÇÃO DOS BICHOS
30. OCULISTA
31. CONGRUÊNCIA
33. MISTÉRIO DA VIDA
36. O CAOS ALEATÓRIO E A ANSIEDADE DA ESPÉCIE
37. CONCLUSÃO
38. NIILISTA ROMÂNTICO
39. OPERÁRIO JOSÉ

2 DOCE

45. OVERDOSE
46. CÁLICE
47. SEU SORRISO
48. DESCULPAS PRA TE VER
49. NOSSO AMOR É GRAVE
51. NUMEROLOGIA
52. A DANÇA DAS ABELHAS
53. NÚM3ROS E LETRA5
55. INFÂNCIA
56. CARTA AO ASTRÔNOMO
59. MANIFESTO PELAS BALEIAS
62. RECONSTRUÇÃO
63. SONETO SUBVERSIVO DA NOVA GERAÇÃO
64. MEU MUNDO EM UMA BALA DE IOGURTE
68. PONTO FINAL

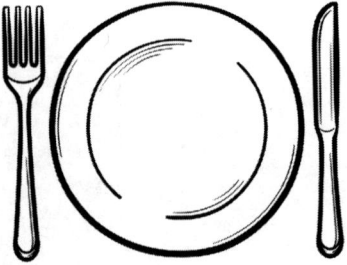

Há pratos que exigem uma dose d'água
como acompanhamento.
Alguns mais que outros,
assim como a poesia:
há versos que não podem ser digeridos a seco.

Dedico este livro à Pimpa.
Que esses versos possam trazer gosto
aos eventuais desgostos da existência.

Prefácio

Lembro até hoje o dia que conheci o Felipe. Um domingo de muito *graffiti* na parede. Lá ele era o *Rosk* e eu era o *Arco*, dois meninos que gostavam de colorir paredes. Já acompanhava suas obras pela cidade, mas ainda tinha grande interesse em descobrir a pessoa por trás desses *bombs*. Foi amizade à primeira vista. Esse mano foi um dos universos mais interessantes em que eu me permiti viajar na vida. Tipo de pessoa rara que se encontra na esquina, mas não em qualquer uma. Tipo de gente que vende paçoca com você na rua, que viaja pra outro estado sem dinheiro, ou que simplesmente fica horas trocando ideia de como mudar o mundo e fazer diferença na vida das pessoas.

Retrato Agridoce é a cara desse menino arteiro, físico e poeta. Pessoa que sempre teve a senha de caminhar entre o doce e o salgado, mas que só se faz entender pra quem tem o paladar aguçado. Esse livro é a síntese da cabeça (e coração) gigante desse ser que consegue velejar entre o simples e o complexo numa fração de segundos. Que consegue misturar crítica social, matemática, gírias, filosofia e uma porção de referências em um poema. Ele soube como ninguém transformar a vivência de vários anos em livro. Soube tornar seu universo acessível a todos. Fica claro que isso não foi concebido do dia pra noite, mas sim experiência após experiência.

Retrato Agridoce me fez viajar ainda mais por esse universo que é o Felipe, me fez conhecer um pouco mais da sua imensidão, consequentemente me fez entender muito do que sou. Te convido a conhecer também.

Felipe Arco

1
ÁCIDO

RETRATO AGRIDOCE DA FÉ E DA ESPERANÇA

um é cinco
treis é dez
"não, obrigado."
(...)
um é cinco
treis é dez
"não, obrigado."
(...)
boa noite moço, licença.
Eu vendo algodão doce e gostari...
"não, obrigado."
(...)
"graças a Deus a Marcela foi aprovada na faculdade.
Agora vai estudar medicina,
já até ganhou seu primeiro carro."
Licença moça,
mas por que a senhora agradece a Deus?
Melhor,
por que a mim não chega a benção
igual chega a você?
Pode responder qualquer uma das duas
qualquer uma tá bom
"...boa noite moço...uh...agradeço a Deus porque é Ele
quem permite todas as coisas sabe, acho que..."

mas se Deus não existisse
sua filha não ia mais ser médica?
(...)
sabe moça, eu nem quero ser médico
só quero...sei lá
fazer três refeições por dia
ter luz em casa
e aquela camisa de botões do moço da pizzaria
talvez um óculos escuro
e um cinto de couro
é...acho que isso tá bom
mas olha pra mim:
a camisa furada
a calça caindo
o olho cheio de mágoa
e a barriga vazia.
Sabe, eu até tenho fé
mas prefiro acreditar que não é Deus quem abençoa sua filha
porque se for
eu gostaria de trocar de Deus
e se não tiver outro
aí nem sei o que faço
da onde eu veio a gente tem que ter fé
a descrença não é opção.
(...)

"poxa moço...desculpa...quanto é o algodão doce? Vou
[querer dois."
Um é cinco
treis é dez
dois eu não sei quanto são
mas pode deixar
doce aqui
é só o algodão mesmo.
Minha vida
é amarga.

BELICHE

Quando era novo,
se pulasse na cama,
levava porrada.

Se pisasse com o pé sujo,
era melhor nem dormir em casa,
minha mãe me matava.

Já esse filho da puta aí
nem pede licença,
já chega pisando na minha cama de sapato,
cuspindo catarro,
estacionando seu carro.

Me ajuda aí, doutor.
Parece abstrato,
mas minha cama
é concreto.

POEMA FRUSTRADO

Peço licença
pra ser sincero.
Não tenho licença – poética,
pra poema sério.

Só pra escárnio,
sarcasmo,
ironia...
mas só de dia.

À noite,
faço minha leitura
de seres humanos
que não cabem em palavras.

Não sou cartomante
pra ler coração
mas aprendi o ofício
de ler sentimentos
de sentir a leitura
que machuca a alma
e de entregar minha alma
à dor invisível.

Não sou cartomante
sou só um poeta maldito,
poeta marginal
mas não escrevo poesia maldita
nem poesia marginal.

Escrevo poesia pra malditos.
Escrevo pra marginais.
Escrevo pra analfabetos.
Escrevo pra quem sente.
Escrevo pra quem falta um ou dois sentidos
e sente como quem tem seis.
Pra quem trabalha
e ainda sim sente fome uma vez por mês.

Junto comigo
trago lembranças
alguns versos mal escritos
e uns 70 quilos de mediocridade.

De poesia mesmo
talvez eu tenha só minha vida
com uma métrica mal elaborada
e mil sentimentos
que não cabem nem em mil fitas métricas.

O que eu sinto
não cabe na trena.
O que eu escrevo
é o ovo,
não a gema.

CONSOLO

Nesse frio,
amargo frio,
mais amarga
é minha solidão.
Só o que me resta
é chorar na cama,

dizem que lá pelo menos é quente.

PRAZER

Licença.
Me desculpe a presença,
até eu mesmo prefiro a minha ausência,
mas, de novo, eis-me aqui.

Por trás da pele lisa
e da roupa passada
tem pouco lirismo;
uma porção de egoísmos
e meu coração:
um sindicato de narcisos.

Não se surpreenda, nem se hesite.
Sou só mais um exemplar entre milhares
mais um indivíduo entre vários bares,
individualizado:
homo individualis.

Me desculpa a franqueza mas eu nunca disse uma verdade.
Talvez essa seja a primeira,
e nem pra ser um mentiroso de primeira,
minha miséria me deixa.

Em minha crise pessoal
ainda não me descobri
mas pelo que vivi, toquei, senti: matei
ainda não me descobri.

Não por ignorância
ou falta de zelo,
mas por receio de mudança,
por medo.

E me desculpe pela liquidez dos meus arrependimentos.
E esse é mais um exemplo
de um perdão que escoa
com meu consentimento.

Ainda não me descobri
mas pelo que tenho visto,
de meus impulsos
e anseios,
gozo: logo existo.

E na fluidez dos meus perdões,
dos meus carinhos,
amores,
é que compreendo
que eu, sou você.
E nós,
somos o que há de pior na humanidade.

POESIQUÊS

Eu aqui assim.
Você aí assado.
E esse nosso namoro
mal cozinhado.

CIÊNCIA E MATERNIDADE

João diz de tudo saber.
Mas quando sua mãe, Maria,
disse que ia chover
deixou o guarda chuva em casa.

ESPÍRITO CRÍTICO

Cuidado com as respostas que a vida te entrega:
o que matou o gato
foi a falta de curiosidade,
e não o excesso dela.

ELEIÇÃO DOS BICHOS

O cachorro enchia o peito
pra falar dos seus candidatos.
O gato com propriedade
defendia o seu novo mandato.

A cachorrada exclamava
e gritava pela cidade.
Faltava, porém, alguma racionalidade.
Os gatos, como esperado,
faziam o mesmo
mas do outro lado.

O cenário já estava tomado:
ou eram cachorros
ou eram os gatos.
Falava-se pouco de quem sempre fazia,
dos mudos:
os ratos.

Estes falavam menos ainda.
Mas viviam!
Reais candidatos...

Nunca tiveram espaço,
nem nunca quiseram espaço.
Não neste cenário,
de brigas
e poucos abraços.

Eles revolucionaram
nos seus eternos mandatos.
Mesmo não oficiais,
eram comprometidos com o fato.

Dia após dia mudavam
a começar por si mesmos – caráter de rato!

Fizeram e fazem
o que falam cachorros
o que falam os gatos.
Os ratos nasceram além
para além de só um mandato.

OCULISTA

Racionalista
cientificista
pouco otimista.
Calculista
Antropocentrista.
Pessimista.
Otimista.

Ruim das vista.

CONGRUÊNCIA

Faço dessa areia uma página aos céticos.
Hoje não tem ceia, tem apenas alguns versos.
Então se alimente deste universo.

Por que me interromper,
por este adultério?
Não conseguem perceber, que o que trago é bem mais
[sério?

Se assim preferem, então prossigo:
aos que ferem: dou abrigo
aos que roubam: me merecem
aos que pecam: ouço as preces.

Ao charlatão: estendo a mão
ao que cobiça: lhe dou perdão
o mentiroso: chamo de irmão
e com o esquecido, divido o espaço.

Com o vagabundo, divido abraços
à escória, não cruzo os braços
à sua história: renovo os laços
e com o excluído, divido os pratos.

O viciado, não desprezo
com o estressado, não me estresso
e aos que me proferem este impropério
não vos condeno, sob o mesmo critério.

À sua vida: o revertério
te mostro o outro lado
do hemisfério.

Então por que me incomodar, por este adultério?
Não conseguem perceber, que o que falo é bem mais
                                              [sério?
Compreenda por favor, sua negligência:
falsa é sua reverência
de graça agora, é a indulgência.

À humanidade: a congruência.
Desnecessária sua sapiência
me causa náusea sua eloquência
faça um favor à sua essência:
guarde essa pedra
para a sua consciência.

MISTÉRIO DA VIDA

Li certa vez em uma obra de Dostoiévski
que todo o mistério da vida cabe em apenas duas folhas
[impressas.
O russo só apresentou o fato, não revelou os segredos.
Acho que ele mesmo desconhecia o conteúdo dessas
[duas folhas
mas a matemática de alguma forma o mostrou que apenas
[duas folhas
seriam suficientes.
Confiando em seus cálculos, segue o mistério:

O CAOS ALEATÓRIO E A ANSIEDADE DA ESPÉCIE

A terra gira
e os dias têm sempre a mesma duração,
quer você queira
ou não.

A maçã cai
sempre com a mesma aceleração,
independentemente da sua intuição.

A atmosfera tem certa composição
a composição exata entre sua respiração,
e sua extinção
quer você proteste ou não.

E o universo se expande
cada vez mais rápido,
quer você goste
ou não.

CONCLUSÃO

A lição do cosmos é simples:
a autossuficiência é uma enganação.

NIILISTA ROMÂNTICO

ao cristão que havia em Nietzsche.

Um mosquito
pousou na minha caneta
se passou por borboleta
e me mostrou
que a minha moral
e meus valores
não passavam de muleta.

OPERÁRIO JOSÉ

Disseram que há alguns
que dominam a arte de ler as mãos
acho que não domino essa prática
mas acontece que vi as mãos de José.

José esperava o ônibus
esperava o salário
esperava o consórcio ser contemplado
e o sorteio da quina
e, enquanto isso,
esperava a vida passar.

José, de cabelos penteados
e arrumados com o único gel em promoção na farmácia
aguardava o ônibus
a fitá-lo na simplicidade de seu olhar
(esse olhar até hoje me trepida o coração).

Suas mãos...
suas mãos.
Ele se envergonhava delas.
Ou da história que elas viessem a gritar para o mundo.
Aguardava o ônibus,
guardava suas mãos no bolso,
aguardava a vida passar...

Quando, por um descuido de sua parte,
suas mãos estiveram à mostra
e por um breve relance as contemplei,
começou a chover.
E chovia muito, como nunca havia chovido antes.
Só quem viu as mãos de José
entenderá esses versos.

Se você não conhece José
Ou não viu suas mãos
Não leia.
Não pense.
Rasgue.

Suas mãos
grossas
e calejadas
contavam duzentos anos de história.

Não sou cartomante
mal sou poeta
mas sei que para qualquer observador
atento e sensível
era possível ver
que a palma
e os dedos das mãos de José
continham toda a história da luta de classes.

Mais do que isso,
muito mais:
continha ali toda a história de seu casamento,
e de seu divórcio
de Maria e Raquel,
que já não tinham pai nem mãe.

Ah, José...
Suas mãos!
Se eu pudesse carregar o fardo
que trouxe todos esses calos
que roubou todos esses anos...

E chovia muito
e José já não aguardava mais o ônibus
E nem o passar de sua efêmera existência
Eram suas mãos que agora passavam
a lição.
A lição que nunca aprendi na escola.

Suas mãos eram seu fardo:
e nunca houve fardo tão pesado.

2
DOCE

OVERDOSE

> *ode a Bezerra da Silva, Mano Brown, Mário Quintana,*
> *Carlos Drummond e João Cabral de Melo Neto.*

O vizinho plantou
a semente no meu quintal
meu quintal é a rua
não tenho seda
eu vim da selva
eu sou leão
eu sou demais pro seu quintal
selva de pedra
quintal de pedra
no meio do caminho
havia uma pedra
havia uma pedra
no meio do caminho
do meu caminho
as pedras passarão
eu passarinho
meu aprendizado
foi pela pedra
como o de João
não sou ladrão
nem fumo pedra
falando em pedra:
vamos escrever uma poesia?

CÁLICE

Muita lírica
pouca métrica.
Subjetivamente objetivo
em seu subjetivo.
Uma síntese
da razão poética.

Não para homens
ou papéis:
corações.
Sincero
e inaudível:
Ele fazia poesia em silêncio.

SEU SORRISO

Às vezes me vejo tão infantil
como quando te atormento igual uma criança
ou quando em minha rebeldia derradeira
me recuso a escovar os dentes antes de dormir
como aquela criança que simplesmente não quer obedecer.

Mas aí me lembro
que mesmo com você longe,
quando vou ao banheiro,
vejo lá as duas escovas:
uma preta e uma azul.

Daí nada mais justifica
minha infantilidade,
minha rebeldia,
meu espírito revolucionário.

Escovo os dentes da forma mais pacata possível
constrangido ao lembrar do sorriso mais lindo que
[um dia já vi.

DESCULPAS PRA TE VER

Julguei que valeria a pena
largar tudo que estou fazendo agora
pra ir naquela papelaria que você gosta
e comprar o papel mais bonito que eu encontrasse
pra te escrever alguma coisa.

Não sei exatamente o quê
nem com qual objetivo
só acho que deveria fazê-lo.

E, de propósito,
comprar só uma folha de papel
e aproveitar a finitude do espaço
pra deixar tudo mal contado na escrita.

Só pra ter uma desculpa a mais
pra te encontrar
e continuar nossas conversas sobre a vida;
te ouvir
e ver seu sorriso.

Coisas que a presunçosa escrita
cruelmente me priva.

NOSSO AMOR É GRAVE

É que existe um conceito
ou uma lei da natureza
que chamam de gravidade.
Dizem que é o que mantém os planetas em órbita,
mas duvido que se ela não existisse
eu não estaria ao seu lado.

Dizem que é tipo uma força de atração,
não sei.
Disso não entendo direito.
Quem disse isso foi o Newton.
O que eu entendo bem mesmo
é do seu Irênio,
que mora aqui na rua aqui de baixo,
e, mesmo que casado há 37 anos com a dona Rosa,
sorri toda vez (de um jeito tal que não sou poeta suficiente
[para descrever)
quando vê ela subindo a rua.

Talvez isso seja a gravidade,
ou talvez as equações sequer dão conta
de explicar esse fenômeno.
E talvez eu realmente não saiba explicar a gravidade
ou o sorriso daquele velhinho,
mas sem saber de um ou de outro
consigo ainda saber que nosso amor é grave.

Grave no sentido físico e literal da palavra:
natural e esquisito de explicar.
Talvez precisasse inventar uma nova linguagem,
assim como Newton precisou
pra falar da gravidade.

Talvez seja exatamente isto:
nossa linguagem em certo ponto
se torna limitada demais
para falar de certas coisas.

Somos seres finitos,
seres de linguagem.
Condenados a sempre usar a linguagem
finita e imprecisa.
Ainda assim,
linguagem.

Acho que deve ser isso mesmo.
Ou, pelo menos,
é disso que eu preciso
pra me confortar
e me conformar
com o fracasso desse poema
ao tentar te descrever.

NUMEROLOGIA

Meu primo, que nasceu em um ano que é primo
sempre sonhou em encontrar um par
se ele tivesse nascido no ano 2
talvez fosse mais fácil.

Tentei explicar pra ele a lógica
mas ele não entendeu.
Nunca gostou de matemática
dizia que é uma linguagem muito artificial.

Natural mesmo é o meu outro primo
que viveu o tempo inteiro
sendo extremamente *racional*
na *real*, eu já discordo disso.

Acho que precisamos submeter a razão ao sentimento
e, de vez em quando,
agir de forma *irracional*
já que nem tudo pode ser fragmentado, fracionado.

A vida é muito *complexa*
e nada linear.
A vida definitivamente não é
uma ciência exata.

A DANÇA DAS ABELHAS

Um cientista austríaco ganhou um prêmio Nobel
no final do século 20.

Ganhou pelo seu trabalho
sobre a comunicação das abelhas,
no qual ele descobriu
que as abelhas se comunicam
por meio da dança.

Não vejo melhor razão
para termos interrompido as guerras deste mundo
do que para contemplarmos
a dança das abelhas.

NÚM3ROS E LETRA5

Existe um documento
de uma universidade
universidade de verdade mesmo
que diz que sou 35,80% engenheiro.

Eu sempre gostei de estatística
sempre achei que tinha algum valor em mensurar as coisas.
Até o dia em que ela foi embora
e eu me dei conta que não conseguia mensurar
a falta que ela fazia.

As estatísticas:
senti sua falta 365 dias por minuto
em 96% dos dias fui dormir pensando em você
nos outros 4% a saudade roubou o meu sono.

Durante o período que você não esteve aqui
metade do tempo eu pensei no seu sorriso
só ele me acalmava
quando eu percebia que não te tinha por perto.

(esse exercício me fez perceber em mim um novo sentido
até hoje, se eu fechar bem os olhos
consigo ouvir sua risada)

A outra metade pensei em estar com você.
Pensei em te abraçar,
já que só o seu abraço iria conter meu desespero.

Uma outra metade eu pensei em te beijar
e tinha também uma outra metade
na qual eu sequer pensava
mas não conseguia te tirar da minha cabeça.

Vi agora que a soma das partes ficou maior que o todo
e eu nem me dei conta.
Mas é que a conta realmente não faz sentido
sem o seu contato.

Contando com isso
fiz as contas:
se aquele documento estiver certo
ainda posso ser 64,20% poeta.

Sua ausência me fez perceber que os números não fazem
                                                   [sentido algum
talvez a literatura seja mais importante que os números
por isso vou manter a porcentagem dessa forma:
a matemática não tem sentido pra mim
se não for poesia.

INFÂNCIA

Ao bicho de Bandeira, que não me permitiu
escrever em outra configuração senão esta.

Vi ontem
sob a luz da lua
quatro crianças
na imensidão de um mar
brincando sem roupa
e sem preocupações.

Quando eram vistas
em sua nudez
e infantilidade,
não perturbavam
sua liberdade.

As crianças não deviam estar peladas
as crianças deviam sentir vergonha.

As crianças, meu Deus, eram homens.

CARTA AO ASTRÔNOMO

são milhares
de centenas
de dezenas
de quilômetros.
quilômetros não,
anos luz!
ou talvez até um pouco mais

a distância é tão grande
que a escrita se torna difícil
não sei nem se minhas palavras
conseguem chegar até aí
num local tão distante

na verdade, não sei sequer se palavras
neste idioma,
nesta criptografia,
constituem a linguagem adequada
para estabelecer comunicação intergaláctica

a distância é tão grande
a linguagem tão pouco precisa,
tão limitada
e ainda assim eu insisto em me comunicar
com um ser tão longe,

tão impessoal,
tão pouco preocupado com as causas terrenas.

ah, mas por isso, não o culpo:
a órbita dos planetas
a morte das estrelas
o pulsar das galáxias
as infinitas informações
de todos os lugares,
e todas as eras,
dançando pelo espaço vazio
provavelmente devem ser mais interessantes
do que qualquer coisa que se passa naquele pequeno
[planeta azul

ainda assim, peço a atenção do Astrônomo
às pequenas coisas que se passam no pequeno planeta azul

há aqui mortes.
mortes morridas,
mortes matadas
que nos doem mais que a morte de qualquer estrela aí fora
até mesmo a nossa estrela.

há alguns de nossa espécie
cujos sonhos e ideais
pulsam mais do que qualquer galáxia
acredite, em verdade lhe falo

que aqui há uns que, às vezes, são felizes
outros sofrem, ininterruptamente

tudo isso me fere a alma
e, para nós aqui,
soam como coisas da mais alta relevância
e, ainda assim,
nada disso parece ter despertado vossa atenção.

há uns que dizem
que essa comunicação sequer é intergaláctica
há outros que dizem que poemas devem rimar
já eu, só peço a atenção do Astrônomo
às pequenas
e pífias coisas
que se passam no pequeno planeta azul

nossos limitados telescópios
junto à nossa incapacidade de olhar para fora
fazem com que tais coisas
sejam tudo.
há quem diga que o senhor acha
que elas são nada.
tudo ou nada,
ou alguma coisa que sejam
eu só peço a atenção do Astrônomo
às pequenas coisas que se passam no pequeno planeta azul.

MANIFESTO PELAS BALEIAS

essa poesia não vai rimar com nada
aqui, já adianto que não haverá nenhuma cadência
essa poesia não é sobre isso

essa poesia é sobre o amor.
essa poesia é sobre a vida.
essa poesia é sobre as baleias.

essa poesia nem precisava existir
e muito menos foi criada por mim.
Ela já existe.
há muito tempo
e está aí fora.
Ela é para refrescar como uma brisa leve
que hora vem do norte ao sul
hora do sul ao norte.
Ela é uma bússola em meio a uma tempestade,
Ela é um campo magnético perturbado
mas é também um campo magnético uniforme,
é bagunça
e é ordem,
Ela é natureza
e humanidade
ou o que nos resta de humanidade.

Ela é um manifesto
pelo branco dos olhos
já que nós não os observamos mais.
Ela é pra quem esquece os problemas da vida
e fecha os olhos
para observar com atenção.
Ela é também para quem não faz isso
mas Ela é também para que façamos.

Ela é um grito de desespero
para que possamos olhar para as baleias
e contemplar sua beleza.
para que esqueçamos por um minuto ou dois
as nossas ambições
e preocupações,
e olhemos para as baleias
e para a infinita beleza que há nesse bicho,
para a beleza que há dentro de cada ser humano.
nos ensinaram como podem ser semelhantes triângulos
mas ainda não compreendemos como somos todos
                                                      [semelhantes
acho que as baleias são assim porque não distinguem
                                                            [as cores
e nem se estratificam em classes
econômicas
ou sociais.

olhar para uma baleia
é contemplar o sublime.
tal como é cada ser humano
e o universo que carrega dentro de si.
esse poema é também pelos abraços
pelos beijos
para que nos entreguemos a eles
para dividir com os nossos semelhantes
o que há de humano em nós.

esses versos se tornaram (ou almejam se tornar) poesia
porque não puderam ser baleia.
Por alguma aleatoriedade incompreensível do universo
o que sai da minha caneta são apenas palavras
quisera eu
fossem baleias...

RECONSTRUÇÃO

Vem:
com a melhor engenharia
e toda poesia.
Com a boa arquitetura
e duas mãos de pintura.

Com quem sabe da manobra
e o melhor mestre de obra.
Poucos operários:
uns 3 carpinteiros,
mas somente um pedreiro.

Informação nenhuma
vai preencher esses rombos.
Só peço cautela e atenção
pra levantar os escombros
de mais um coração.

SONETO SUBVERSIVO DA NOVA GERAÇÃO

Aos jovens
de espírito,
que desejam mudar o mundo.

Que desejam ser astronautas,
ou poetas,
ou astronautas e poetas.

Que desejam ser artistas,
ou advogados,
ou artistas
e advogados.

Aos que não aceitam se acomodar,
aos que querem incomodar.
A vocês:
sejam.

MEU MUNDO EM UMA BALA DE IOGURTE

Acho que se tivesse sido ontem
eu não me lembraria tão bem como lembro hoje.
Minha memória
não é pela situação em si,
mas por você.

Como quase todas as coisas da vida até aqui
todas foram muito diferentes depois de você.
Sempre depois de você.

Lembro muito bem
de você passar por aquela porta
e eu
com medo
afoito
com dúvida
perdido.

Me perdi completamente quando você me trouxe aquela
[bala
seu sorriso matou completamente todas as minhas reações
roubou meus gestos
ali, eu vi no seu olhar toda a certeza
de tudo que eu não sabia
e não sei até hoje.

Tenho até medo de pedir pra você me contar.
Acho que ali você já tinha entendido tudo, né?
Acho que você sempre entendeu – tudo.
Acho que só eu mesmo que nunca entendi nada.
Eu, que minto
que te ignoro
que te intimido
eu, que esqueço datas
que não lembro dos fatos
eu, que escrevo coisas tão impessoais
que você não entende
eu, que não sou cavalheiro
eu que sequer sei quando é o dia dos namorados
mas, se fosse sobre mim...
não daria uma frase boa.

Não é sobre mim,
nunca foi.
Não é sequer sobre nós.
É sobre você
sempre foi, sobre você.

Sobre como você acaba com todos os meus argumentos
[com um sorriso,
sobre como você descontrói toda minha oratória com um
[abraço e um pedaço de palavra.
Acho que isso deveria ser legalmente proibido.

Como posso esquecer daquela bala?
Aquela bala que você me deu
em dois mil e alguma coisa.
Posso não lembrar mesmo das datas
de fatos
de detalhes.
Não me esqueço é de você,
entrando naquela sala...

Pra mim aquilo tudo foi paradisíaco
me lembro da sua fala
sequestrando minha atenção
disparando meu batimento cardíaco
me derreto toda vez
que você dá aquele mesmo sorriso
e me recebe com o mesmo abraço
aquele abraço
que me dá um frio na barriga
que não dá pra explicar
talvez essa seja a poesia mais sincera que vivi até aqui.

Hoje eu vejo que tinha tudo naquela bala
desde você pedindo "me escute"
até eu dizendo
"não combine, permute"
mas daquele momento em diante
os ângulos de um triângulo já não somavam mais 180

me perdi completamente em meu raciocínio lógico
ali, o óbvio, pra mim
era apenas você.

Nem a espectroscopia me ajudou a entender
a forma como a luz reflete no seu rosto
é como se as retas paralelas se cruzassem em algum ponto
infinitamente longe do infinito
geometrias não euclidianas
álgebras estranhas
matemática contemporânea...

Você me fez perder o chão
mas a matemática mais importante ali
era eu
e você.

Quando a gente conversava
e você queria me ouvir
me desculpa,
não sabia que era pra quebrar o silêncio.

Sou eternamente grato àquela bala de iogurte
e olha que eu sempre gostei mais de maçã verde.

PONTO FINAL

Minhas poesias nem sempre têm pontuação
uma vírgula ou outra às vezes
ponto, só se forem dois:
ou três...
porque esses possibilitam a continuidade do romance

Já faz tempo que briguei com a gramática
e prometi pra mim mesmo que jamais usaria um ponto
[final
mas não dá pra se manter cego por muito tempo...
tudo tem um fim
meu romantismo de imaginar que as coisas não acabam
não as eternizam
apenas me priva do prazer de gozar o seu final...

Na maioria das vezes elas já acabaram
e só eu mesmo que não percebi
tudo acaba:
o amor
as amizades
os sonhos
a vida...

Tudo acaba
e tudo começa
a vida é ciclo
por isso os pontos finais são essenciais
eles não marcam apenas um final
marcam um recomeço

Quando me dei conta disso
me reconciliei com o ponto final
no começo foi difícil
mas hoje já não machuco mais o meu peito ao colocar um
                                              [ponto final
quando pontuo meus versos,
as lágrimas transparecem alguém que aproveitou cada
                                    [minuto daquela jornada que se encerra
e alguém que finalmente aprendeu
que quando as coisas acabam
nem sempre é o fim.

Quando se coloca um ponto final
é porque está para começar uma nova ideia.

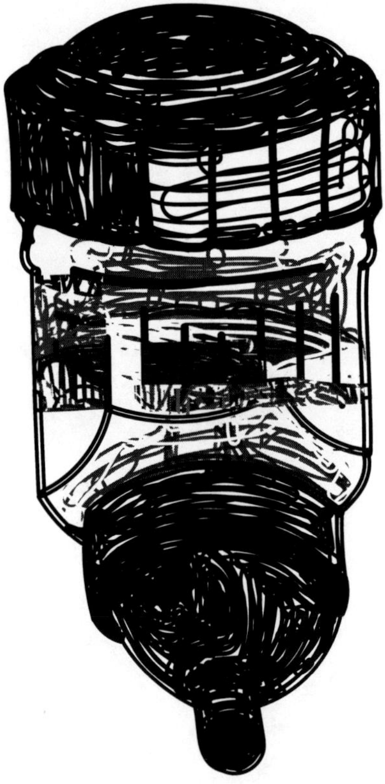